I0164165

www.ingramcontent.com/pod-product-compliance
Lightning Source LLC
Chambersburg PA
CBHW020438030426
42337CB00014B/1315

9788799957620

به سیاهی چشم های تو ای معشوق

جبار فرشباف

© 2018 Jabbar Farshbaf

All rights reserved.

کلیه حقوق این کتاب متعلق به جبار فرشباف است

Cover designed by Farnaz Tahbaz

طرح جلد: فرناز طاهباز

ISBN 13: 978-87-999576-2-0

شابک: ۰-۲-۹۹۹۵۷۶-۸۷-۹۷۸

LCCN Imprint Name: Jalil Mpour, Aarhus, Denmark

ناشر: جلیل م. پور

www.jabbarfarshbaf.com

ستاره ای که از خورشید ها بزرگتر است
از دورها آمد و بر دلم نشست.

آتش های همیشه روشن سورها

آتشی کو؟ برگیرانید
غنچه های سرخ مخملی سر پرچین آمده، ببینید
چهره های زردِ رنگ پریده ی عاشق ها را
فروزان تر کن ای آتش
که سرخی رویت را به ما می نمایی...
آذرخش است نگاه تو، مدزدش، بیفروزش
آذر بادِ در گردبادها و طوفان ها به پروازی
یکپارچه آتش شو
در خودت بالا بیا
خورشیدها چشم انتظار تو آند
در چشم هایت دیدم که هزار سوار بر اسب نشسته اند
و می تازند در راه های دست نایافته
چشمانت به کجاها راه کشیده اند؟
شاهزادگان اساطیر را مانَند
هزار ببر در کمین گاه تیز نشسته اند
من پشت تَرک تو بودم، تو در گوش اسب بوسه زدی
گیسوی پریشانت بر صورتم دست می کشید
بوی خوش عطر گیاهان تازه روییده می داد
در جنگلی از شاخه ها و تنه ها می راندیم

و به روی خود نمی آوردیم که راه گم شده و نا آشناست
ما دست هم را گرفتیم و ریشه ها را یافتیم
ما آتش ها در دلهامان گداختیم و نترسیدیم
چشم هامان خندید، ستاره ها زایید
آتش ها زنده اند
نفس هامان تلاقی کرد
در دورها
جنگلِ نشسته در دلِ سنگ ها پیدا بود
کوه از بس که چشم به آسمان دوخته،
سنگ ها شکل ابرها را به خود گرفته اند
عقابی در حال اوج گرفتن
چهره ای گم شده در شاخسار رگه های سنگ
اسبی که کف بر دهن آورده و هُرم نفسش پیداست
درنای مهاجرِ از همسفرا ن بازمانده
کوه ابرهای هزار نقش پُرپِشت...
شب شده آتش در میان آمده
شعله های نارنجی و سرخ را
در شیشه های چشمانِ هم
تماشا می کنیم

صدای آواز رود در دره ای نه چندان دور می پیچد
ما پیش همیم، به هم تکیه داده
در نوازش انگشتان تشنه ی لمس
تمامی شکل ها
در سایه های دور از ذهن ما گریخته اند
و صورت باخته اند
چشم ها را بستیم و به بی سوها
کشیده شدیم.

تبریک سال نو

زندگی فرخنده است
خجسته، پیروز
نوشدنی پی در پی
و سرودی تمام ناشدنی
می توانی
آن را جشن بگیر و ترانه اش کن
سبک شو، اضافه ها را بینداز
بهار آمده نگاه کن
همه جا آینه شده
فصل تازگیست
به رقص بپا شو
نرم شو
در آمیز
هشیار باش
ساده باش
ساده لوح نباش
عشق، رقصِ تغییر است در حوالی زندگی
ره یافته آوازی از بی صدایی
انسان، چیزی از پرواز با خود دارد که

زمان را از سر می گذرانَد
چه طور از دامنه ها به اوج کشیده می شویم
خواستن و شدن و به بلندی ها دل دادن
ریزش بارانِ هدیه ی بزرگ زندگی بر تو
بارش شکوفه ها بر سر اقیانوس.

من سپاسگزار بی دلیل تو بودم ای عشق

زمانی که برف، سفید می بارید
و فصل ها
سر جای خودشان می چرخیدند
مهربانی مثل رودِ جاری بود که
کم آب و خشک نمی شد
یادت هست ماه آسمانِ فصل های سرد؟
نزدیک تر به دست ما می نمود
مهتاب و هاله های مه آلود که جنون عاشقی
به نسیمِ در گذر می ریختند
کندوی چشم هایت را زنبوران قندپرست ندیده بودند
و سبزه ی خط ظریف ابروانت
دست در دست هم داشتند
من عاشق کوچه گردِ تو بودم که از تو چشم می دزدیدم

راستی عطر یاس روی دیوارها
چطور توانسته اند چهره ی تو را در خاطر من زنده نگاه دارند.

نامِ دیگر، عشق

از دورها
روزی تو آمدی
و آمدی نزدیک
غروب بود و آفتاب
خیال رفتن داشت
از این شهر، شهر پرملال
دلم هوای بار بستن داشت
نگاه من به افق های تیره بود
و دلسرد شدن آغازیده بودم
خیالم گسترده تا دورها
سواران قصه های کودکانه را اما
هنوز باور داشتم
و خرخر زنجیر در رفته ی دوچرخه ی کهنه ی کودکی
با علامت شیر خوابیده ی زنگ زده و خط خطی شده
در گوشم می پیچید و خنده بر لبم می آورد
و نرمی سینه ی سفید گربه مان "رُزا " را که
حنا زده بود خواهرم،
حس می کردم
پاهایم گویی انکار دلم را از پیش می دانست

که بر جای مانده بود هنوز
از پس روزها و سال های سرد بی روزن
و بودنِ من
همچون چراغی نیم سوز
در ایوان خانه ی سقف چوبی کهنه
و خرافات زده
که حافظه اش را موریانه ها خورده بودند،
آویخته بود در باد
و می رقصید بر ریسمانی
تنیده از آوایی که می رسید از دور
شب های قطبی نیمه ی اول عمرم
چون یخ های آخر اسفند
در حال آب شدن بودند...
تارهایی تنیده ایم از نقاب های رنگارنگ
دست و پایمان گیر می کند راه که می رویم
ما نمی بینیم که در گذریم و زندگی نمی کنیم
سرمان گرم است
در هزار توی زمستان های بی مهر و سرد روزگار
و نمی دانیم که صورتمان در زیر آن نقاب

آفتاب نخورده سال ها
و صورت مردگان رنگ پریده را مانَد
اما آن روز
آن روز پرفروز
چشمانم که باز شدند
ایستاده بودی
چون آفتابِ نیمروز در برابر من
و آذرخش آتشین چشمانت مرا از من ربود
و چنان پاک بود و بی زوال
که من در نی نی آتش چشمان تو آب شدم و جاری شدم
و هوا شدم و ...گذشتم
نشستیم با هم سر سفره ی دنیا
و موهایم عطر دست های تو را گرفت
و نگاهت رنگِ نگاه مرا
خندیدیم کودکانه
و همه ی گل های نرگس و شب بو
بر لب های شیرین ما به گُل نشستند
مثل ذره ای در هوا
به هزار سمت و سوی می خوانَدم

طریقه ی چشمانت به هر نگاه
ای زندگی که نام دیگرت عشق است
می سوزدم گدازه ی دستانت به هر خیال
می شتابم چون طوفانی کهنه کار
تا خاک های سرد و خاکستری را بتکانم
هر جای دنیا که باشم من تو را می بینم
هر جا که باشد صدایت را می شنوم
آسمان ها اگر فرود آیند بر زمین
نتوانند فرو شویند قلبم را
از تمنای خاطرِ دلخواهت
ای نگار.

شاپرک

داستان من
داستان شاپرکی است
که شب ها و روزها
کویرها و بیابان ها را
پرواز کرده است
تا در دشت های سبز
آنجا که کوهها
باردار ابرهای بارانند
و باغ ها به دریاها می رسند،
زیب گلبرگ های شقایقی گردد
که سرخی اش را یک روز
در رویایی دیده بود.

حریر شبنم ها

آن جا که کوهها
ابرهای ابریشمی خوش نفَسِ چشم خیس
را در بر گرفته اند
زمستان با بهار روی تو چه سبز است
پرستوهای چشمانت
در مهاجرت پاییزی خود
مرا جا نگذارند
تو در حریر شبنم صبحگاهی دشت ها
بر روی گلبرگ ها بنشین
و مسیر باغ هایی که به دریاها می رسند را بو کن
که شقایق ها ی سرخ
فرشِ پای تو کرده اند
همان که رویاهایت به تو
نمایان کرده بودند.

غنچه های مخملی

نمی شود گذشت از غنچه های مخملی سرِ پرچین آمده
امروزِ من با فردا فرقی نمی کند
بهار من آنروز بود که در بستر نگاهم
دانه های گندمین نگاهت نشست
ابر نیسانم،
اشک چشمانم بود که باریدن گرفت
آفتابِ آذرینم
چشمان پر مهرت بودند که
در دشت های سبزه زده ی زندگی ام سر زدند
و شکوفه های شگفت بودند که در هزار رنگ جوانه زدند
آنگاه از نخستین بوسه ی مخملینت بود که من
همه ی سال های عمرم را
نو کردم.

صدای دورها

من به قله ها می اندیشم
بیا ای مهربان
و چراغ بیفروز
در شبانگاهان بی عابر
و آغوشت را برای تنهایی ام بگشا
که صداییست از دورها
که مدام می خوانَد مرا
همچون باد.

رقص ولنتاین

در خواب و بیداری سیر کردیم
شیرینی از همدیگر چشیدیم بسیار
دست در دست
چون سیل ها از تپه ها سرازیر شدیم
و چون بادها وزیدیم
دو گیاه رونده که پای در خاک و سر در آسمان دارند
بر گِرد هم پیچان و بر قامت هم رقصان
عجب رقصی ست
چشم بد دور از نگاه و دمِ گرم آغوش ها
گفتم: چه خواستنی است سبزه ی صورتت
عطر گیاهان چیده شده ی دستِ باد
از برت می پراکنی
دو دانه ی میگون چشم هایت همه را مست می کند
انگور وحشی کوهپایه هاست
به شکوفه نشسته
چشمانت را به ناز می بندی
پرندگانی از آسمان خیالم رد می شوند
خط ابرویت سر مشق عاشقان شکسته دل است
گفتی: شراری در نیزار خانه ی مستان افتاده

از آذرخش نگاهت
قرار از بیقراران ربوده ای به شوخی رفتار
لبت نهادی بر لبم آن سان
که مدهوشی من را
دیوار کاهگلی کوچه ی مستان هم
که رازهای عاشقانه ی بسیار به یاد دارد،
(از بیقراران رفته تا جنون، از دلباختگان خفته در خمار)
باور نمی کرد
من چیده های گل نیلوفر را
برایت در لبه ی پیراهنم
پیچیده ام.

مژده

شمارگان نفست
چونان حریر بهشتی است
که بر اندام برهنه ام می پیچد
و از گرما، آفتاب کویر را تداعی می کند
آن گاه که زمستانِ کوهستان های سردسیر
سر رسیده است
در نگاهت کدامین آتش نهفته بود آیا
که جنگل وجودم را
به خاکستری داغ نشانده است
که می سوزد
آرام و مدام...
و کدامین پرندگانِ مژده آور در دستانت لانه ساخته اند ؟
که هر روز
حدیث تازه ی عشق را
چونان نسیم
در گوشم زمزمه می کنند.

آهنگ ماندن

حرف تو
صدای بال کبوترانیست
که یکهو بالهایشان را
بر می چینند
و یک لحظه
نور را خیره می کنند
حضورت پرنده ی مهاجریست که
نامش را نمی دانم
نشسته در شاخه ی نازک بیقراری و
تاب می خورد
مثل این است که خیال رفتن ندارد
آهنگ ماندن کرده است
و آوازی باریک از گلویش جاری است.

آب شدن در ثانیه ها

انارهای تَرَک خورده ی
نازک پوست
دستان شادمانه ام را به چیدن
فرا می خوانند
و انجیرهای سیاه بی دانه
در انتظار چشمان سیاه و دُردانه
رسیده اند و
ثانیه ها را
می شمارند
و من آب می شوم
همچون برف
در تابش داغ نگاهی زردفام...

یلدا خجسته

شبِ باغ ایرانی بی رنگ نیست
سرخی عقیق دانه های انار
نگین قرمز در سبز زمردین هندوانه
بارش رنگ پاییز
فیروزه ی حضور چهره ها
رویای پیشینه ی شکوهمندِ
گمشده در
غبارِ تاریخ...

شب یلدا به سیاهی چشم های تو ای معشوق

فصل پاییز کی شروع شد
که آخرین شبش فرا رسیده؟
یلدا و آفتاب و
من و خاطرات و خوشی ها و رویاها
من و دلتنگی ها و دل تپیدن ها
بد نیستم، خوبم خوشحالم
از زایش خورشید های خیره کننده ی چشم ها
از دل چشمه های تاریکی
اما
خبرهای دنیا خوب نیستند، می دانی؟
تاریکی ها و آلودگی ها از سر جهان گذشته اند
از بودن سیر شدن ها
نداشتن و گرسنگی ها
خشم های فروخورده
ضربه ها و آسیب های خورده شده
گم شدن در تاریکی ها
می توانی مرا با جی پی اس پیدا کنی
در تاریک ترین و درازترین شب های جهان ایستاده ام
آسمان را نمی بینم آبی ها گم شده اند

ستاره ها درخشان نیستند
ولی می دانم که خورشید هنوز نفس می کشد
و در حال نزدیک شدن است
طبیعت اشتباه نمی کند و حسابش درست است
حالم نه چندان ولی خوب است نگران نباش
نیازی به ام آر آی ندارم
آنقدر حال بد دیده ام که رویین تن شده ام
پوستم کلفت است
مثل هندوانه های سردخانه ای تو سفید
از عاشقانه نوشتن
هوا و جان تازه می گیرم
تاریکی های دنیا
روشنی برف و آفتاب و عشق را می خواهند
سایه ی دلنواز با هم بودن ها
گرمای همنفس شدن و هندوانه ی خنک و شیرین
انار خندان و دوری آجیل مشکل گشا روی گل های قالی آفتاب
خورده
یادش بخیر ای عشق
موی مشکبارت در نسیم رها می شد

و نگاه من چون سرمه در آغوش چشمان سیاهت جا گرفته بود
رویایی بود شاید دیدن تو
که به صد بیداری می ارزید
رو به روی هم نشستیم و
چشم در چشم هم ایستادیم
در چشم بر هم زدنی زیبا شدیم
تنها من نیستم،
جهان تو را کم آورده است ای عشق
آسمانی نیستم، زمینی ام
در قلب من چراغیست چون آفتاب
که از چشمان تو نور می گیرد
ماه پیشانیِ قصه های به فراموشی سپرده شده
حضور ما
دروغ این دنیای پرنقش و حادثه را
به بازی گرفته است
تنها نیستیم
در تاریکی نشسته ایم اما
در آستانه ی طلوع هزاران خورشید دم می زنیم

شعله ای هست در دلم
جرقه های نور را پایانی نیست
تولدهایی هست
تازه هایی سر بر آورده در تاریکی
که هنوز نادیده اند و به چشم نیامده اند
می خندم و نگاه می کنم
فردا روزِ دیگریست.

تلنگر خیال

در خانه ی خالی آینه نگاه کردم
خودم را ندیدم
تو را می دیدم
که عقاب خیال
مرا از زمین کند و بُرد
تو با پرنده ی نقره ای بال به هوا کشیده می شدی که
من به تو رسیدم
دیدی؟
همراه هم از اوج ابرهای بهمن ماه
طلوع نارنجی گم شده در مِه را
تماشا می کردیم
ما خودمان را دیدیم و خندیدیم
زندگی بیشتر به یک شوخی شبیه است
یک طنز کیهانی
تصویری که بودن و نبودنش به
یک چشم برهم زدن
هست و نیست می شود
فقط با نگاه توست که
باور می کنم هستم

چون، "نیستی" پشت دروازه های بودن
به شبیخون نشسته
به یک تلنگرِ خیال
می توانی وارد شکل ها شوی
و از آن خارج شوی
مثل تماشای ابرهای در حال گذر آسمان
که به هر شکلی در می آیند
مثل دریاچه ای که نسیمِ موج ها
بر آن دیده می شود
و آرام می گردد لحظه ای بعد
بی شکلی بزرگ
مثل یک سیاه چاله
تهی گسترده
هر چیز و همه چیز را به خود کشیده
و در خود جای می دهد
و چیزی به حجمش نمی افزاید
به هر چه می نگری ظرافتی و جانی در خود دارد
نگارستانی از حجم ها
و من و تو

مسافران فانوسِ خیال در دست
در حیرت تماشا
در راه می گذریم.

بعد از تو

خودم رسیدم پایین از کوه ها
ولی دلم نرسیده
هنوز جا مانده، آن بالاهاست
راهها آغوش باز کرده بودند
هوایی به نوازش از بناگوشم می گذشت
چمن های باران زده، انگشت هایم را خیس می کرد
شکوفه های تازه به من خندیدند
می دانند انگار که تو از خیالم می گذری
چون درخت تازه به گل نشسته
غرق شکوفه
می خندی
من تو را در روشنایی پریده رنگ ماه دیدم
که گندمزار موهایت را
آشفته می کرد نسیم ها
گفته بودی که
"موهایم را آشفته می کنم و در باد می دوم
و خورشید با خنده، گونه هایم را لمس می کند"
نگاه نگرانت چهره های فراموش شده ی سال ها را
برایم زنده کرد
می دانی که این روزها کوتاهتر از دیوار عشق نیست

تو را با جان و دل دوست دارم
صدای خوبت در گوشِ دلم نشسته
بعدِ تو باران ها باریدند
و ابرها گذر کردند از کوه ها
و ما را پیش هم ندیدند
در خلوت درخت های تازه بیدار شده
شکوفه های گل بِهی جان گرفته اند دوباره
چه خوب است آرزوی دیدنت را
در دل داشتن
آن وقت که تو را نمی شناختم
چقدر تنها بودم
کم کم به تنهایی خود خو گرفته بودم
و نمی دانستم
تو پیدا شدی و
آواز جوانه زد
همه ی پیوندهای تازه ی بهاری گرفت
و شاخه ها تر شد.

افق طلایی

باران باریده بود
از آن ابرهای کبود پشت در پشت
پاییز آمد و
از دریچه ی زرگون چشم هایت نگاهم کرد
یادِ گندمزارهای دشت ها
هر روز بوی گلی تازه می داد
و مسیر نور از میان پیچ و خم خوشه ها و خرمن ها
تصویر های تازه
در چشمانمان
می ریخت.

به رنگ رویا

نقاشی گذر دلتنگی است
بر صفحه ی کاغذ و بوم
بازی رنگ هاست که به دل وصل می شود
کم رنگ ها و پر رنگ ها و سایه ها
به دنبال هم می آیند
و طرح ها زده می شوند بر بیقراری دل
ماهی ها می آیند، چرخی می زنند و ناپدید می شوند
در بیکرانه ی آبی
درخت ها می رویند و بزرگ می شوند
و سبز می پراکنند در بی رنگی بوم
سبز ۴۳
سبز ۳۷
کبوتران می آیند، بال می زنند
و پرواز را می آورند و پُر می کنند
در کبودِ بی پژواک بلند
آن وقت دل من می نشیند
و دل می بازد به گذر نور
که می تابد از لابلای ابرها، پایین
و می خواهد که بپرد آنجا

همان وسط در هیاهوی بی صدای نقاشی
همراه آن تابش نور که می زند از پس ابر
بر صفحه ی خالی بوم
و بماند آنجا
و دل بسپارد به عبور فصل ها
که می آیند و می روند
به بازی رنگ
و عاشق شاپرکی شود
که می نشیند بر گُلی
و دلتنگ می شود برای
قطره ای که می بارد از ابر...
و زندگی می کند در دنیایی که
همه چیز به رنگ رویاهاست
شعر هم خوب است
مثل نقاشی
آدم بر روی دوش خیال
سوار می شود و
می رود همه جا

یادِ کودکی ام زنده شد
که پدرم
مرا قلمدوش می کرد.

گره خاطره

فرش را باید بافت
جای دار قالی خالی است در طنبی (اتاق میهمان)
که میهمان ها هر کدام ببافند چند گره
که از صحبت دل ها و یکرنگیشان
رنگ بگیرد هر دم
خامه های قالی کاشان و نائین و تبریز
فرش را باید بافت
و هزار نقش باید زد
و قدم باید گذاشت در این باغ ایرانی
که زیر پاهاست
صدای خروش گره در گره زدن ها در خاطرم زنده است
کوبیدن دفه بر رج ها و صدای نفس ها
یادهای گذشته
از صندوقچه های زیرزمین های تاریک و خنک
و پستو های خانه های قدیمی
از پشت و پسِ زمان ها
به سراغم می آیند و خود را نشان می دهند
مثل ملاقات است، صدایم می کنند
سلام می دهیم به هم

و می نشینیم ساعتی
تا باران ها بگذرند و سیل هیجان ها آرام گیرند
و اشک ها لبخند شوند
نسیم آن زمان ها به صورتم می خورَد
و صداها و صورت ها می آیند
هوای فصل های مختلف که گذرانده ای
بوی غذاها و خوشی ها و اوقات تلخی ها
امیدها و نا امیدی ها به هم می پیچند
تار و پود زده می شود
و بر روی هیچ شروع می کنی به بافتن
مثل آغاز آفرینش است
گل و بوته و طرح های گیاهان و پرنده ها و شکل های انتزاعی
رشد می کنند بر روی چند رج سو (آب)
مثل برنج کاران شمال که در آب
کشت و کار می آغازند
رگ ها مثل راه ها بر پوستت خودنمایی می کنند
و چای خورده می شود و نفسی تازه می کنی
گره بر گره زده می شود
گرهی بر ابرو ها و

گرهی بر بغض ها
گاهی از خون انگشتانت تارها رنگین تر می شود و
با پشم ها و ابریشم ها در می آمیزد
گاهی تا اوقاتت تلخ نشود، چای تلخی می چشی
و حرف برای گفتن و ترانه برای سرودن بسیار است
گره ها نقطه به نقطه می آیند و شکل ها را می سازند
تو در تصویرها ی ذهنت گم می شوی و سیل خیال ها
تو را غرق می کند
از میان تصویرها صورتی آشناست...
ناگاه تو می آیی و به ناز می نشینی
بر ایوان باغ ایرانی
و چشم و چراغ می شوی
مثل چشمه ای سر زده از دل کوه.

فصل جدایی هاست

در سینه ام تمام پرنده های مهاجر به پرواز در آمده اند
و بال گسترانیده اند کران تا کران
و آوازهای سوزناک و داغشان
همچون شعرهای غمگینِ
رهگذران محله ی کودکی ام
در گوشم پیچیده است
که می خوانند و دور می شوند
پرنده ای را دیدم
که بر بلندترین شاخه نشست
از دورترین درخت صنوبر باغ
و زندگی اش را در طولانی ترین آواز ابدی دنیا ترانه کرد.

دلتنگی عصرانه

دلتنگی آمد و مهمان شد
دعوتش نکرده بودم
بدون تعارف و ناخوانده
چای هم نوشیدیم با هم
نگاه من به دورها بود
و آفتاب از سینه‌ی دیوار بالا می‌رفت
خرمالو های درشت باغچه‌ی همسایه
رسیده بودند.

پنجره های خالی از نگاه

آمدم نبودی
چراغ ها خاموش بود
خاطره ات بود اما، او آمد
نشستیم و با هم حرف زدیم
صدای پرشور صحبت گنجشک ها
در میان حرف های ما می دوید
گُل های فرش رنگ و رو رفته
از نور پنجره ها می نوشیدند و زنده بودند
مثل تصویر باغ های بنفش منعکس شده در آبی ها
گیاه و برگ و گُل و ماهی در هم آویخته
یاد وقتی افتادیم که گوش ات کمی سنگین شده بود (و
فقط من می دانستم و تو) و خندیدیم
تو می گفتی "اینجا که خانه ی ما نیست"
در ذهنت خانه ی قدیمی بود
یکدفعه یادت آمد که به خانه ی جدید آمده ایم...
تنها بودم
در محله ی خانه ی قدیمی
خنده ام از روزنه ی پنجره گذشت
شاید که انعکاس شاد آینه ای مرا به انتظار نشسته باشد

من می دانستم که سال ها قبل از آن خانه ی قدیمی اسباب کشی
کرده بودیم
خیال می کردم مانند قبل ها از مسافرت برگشته ام
چه خوبه حتی وقتی نیستی
چشمانی زیبا و قلبی مهربان
در انتظار تو نشسته باشند
با خیال تو گفت و گو کنند و
خنده ای به پیشوازت
به بیرون پا گذاشته باشد
پرده ها کشیده بود پشت فرفورژه ها
گلدان شمعدانی بی گل و خشکِ جامانده
کورسوی نازک امید را خاموش می کرد
بالای پنجره ها روی هره های باریک
چند کبوتر کز کرده بودند و گچ دیوارها ریخته بود
حوض خالی بود و رنگ آبی کمرنگ دیواره هایش تَرَک خورده
خانه خالی افتاده بود
هیاهو ها و صداها نبودند
چراغی روشن نبود
نگاهی تو را نمی دید

مثل این بود که همه در مسافرت اند
از دالان آجر فرش شده بالا آمدم به سمت بیرون
کودکی از کوچه گذشت با آب نبات قرمز در دست
چهره ی کودکی همه ی بچه ها را در خود داشت
لب های به رنگ هزار گل سرخ
و چشمانی که هزار شاپرک داشت
سلام تو را به او سپردم و
از کوچه های تنگ محله
مثل جوهای باریک
سرازیر شدم.

چکاوک های بیقرار

هوای آلوده ی صبحگاه
که از تنگنای شیشه و آهن
به داخل می ریخت
رشته ی هذیان و بیهوشی خوابت را می بُرَد
نفست بند آمده
ریزگردها و دود بنزین و مه سمّی
هوا بوی بد می دهد
دی ماه زمستان در حال گذر است
می توانی امروز را نفس نکشی
چیزی کم نداری
دیگر جای ناشکری نیست
همه جا ماسک می فروشند
و تو اجاره ی این ماه و قبض ها و هزینه ها را
قرض کرده ای و داده ای
حوصله داشته باش
زندگی فرصتی ست که تو باشی
و فرض کن عقربه ی ساعت که از چرخیدن ایستاده
از اشتیاق و انتظار و بیقراری عاشقانه است
و از تمام شدن باطری نیست

صدای پایی آمد
قلبت از تپیدن ایستاد
نه، صدای پای معشوق نیست
صدای پای تر باران است
آغوشت را باز می کنی
از پنجره ی باز
به صدای شوق پرندگانی که
تک و توکی هستند هنوز در شهر
و باد تند را با یک دنیا خنده و اشک در بغل می گیری
به جای یک عالم بوسه و ناز و غمزه ی...
می شود گاهی انسانی
چون عقابی شود که اوج خود را گم می کند
باید نفسی تازه کرد
در دوردست های خیال
گنجینه ی نور در جایی و ما
ساکنان دیار تباهی
در سرزمین های آرزوهامان می دویم
در حسرتیم و تمنای بامداد
راستی ما را چه شده است؟

شوخی کردم، اینها می گذرد
دریچه ها به روی نور بازند
و هر روز نو به نو می شوند رنگ های تابیده در اتاق
و آفتاب تا کناره های فرش گلدار پیش می آید
و هوای خوش دوستی و عشق زرین پیش می تازد در میانمان
سینه هامان پر می شود از عطر اقاقی ها و شب بوها
که تنیده اند بر داربست های نازکِ بودن
و می نشینیم بر ایوان حضور که
فرش های دعوت آنجا انداخته اند و میوه های باغچه رسیده
چکاوک های بی قرار
بر لبه ی پرچین حیاط می سرایند
بیا آوازهای ساده و بی تکلفِ زنده بودن را سر بدهیم.

مزه ی حرف ها

سردم شد
خیالِ دستِ گرمی از دلم گذشت
یادت هست
بوی گل های وحشی زرد
که با نگاه های افسونگرمان
گره می خورد
و دست های ما
که می فشردند
همدیگر را
در پیچ و خم راه
و نسیم با نوازش بر صورتمان
دست می کشید
و خنکای خود را تا
بندهای تنمان راه می برد
و حرف هایی بود در ته دل
که در کُنج دهنهایمان
مزه می داد.